SPANISH
FOR BEGINNERS

Angela Wilkes

Illustrated by John Shackell

Designed by Roger Priddy

Language consultant: Omnilingua

CONTENTS

 2 About this book
 4 Saying "Hello"
 6 What is your name?
 8 Naming things
10 Where do you come from?
12 More about you
14 Your family
16 Your home
18 Looking for things
20 What do you like to eat?
22 Table talk
24 Your hobbies

26 Telling time
28 Arranging things
30 Asking where places are
32 Finding your way around
34 Going shopping
36 Shopping and going to a café
38 The months and seasons
40 Colors and numbers
41 Pronunciation guide
42 Grammar
44 Useful words and phrases
46 Glossary

Handlettering by Jack Potter

About this book

This book shows you that learning another language is a lot easier and more fun than you might think. It teaches you the Spanish you will find useful in everyday situations, so you can begin talking to Spanish speakers in their own language.

You can find out how to…

talk about yourself,

and your home,

count and tell time,

say what you like,

find your way around

and ask for what you want in shops.

How you learn

Picture strips like this show you what to say in each situation. Read the speech bubbles and see how much you can understand by yourself, then look up any words you do not know. Words and phrases are repeated again and again, to help you remember them.

The book starts with really easy things to say and gets more difficult towards the end.

New words

All the new words you come across are listed on each double page, so you can look them up as you go along. If you forget any words you can look them up in the glossary on pages 46-48. *If you see an asterisk by a word, it means that there is a note about it at the bottom of the page.

Grammar

Boxes like this around words show where new grammar is explained. You will find Spanish easier if you learn some of its grammar, or rules, but don't worry if you don't understand it all right away. You can look up any of the grammar used in the book on pages 42-43.

How to say things

On page 41 you can find out how to pronounce the different letters in Spanish. The best way to find out how to pronounce words, though, is to ask a Spanish teacher or a Spanish-speaking friend.

Puzzles

All the way through the book there are puzzles and quizzes to help you practice your Spanish and test yourself on what you have learned.

Practicing your Spanish

Write all the new words you learn in a notebook and try to learn a few every day. Keep going over them and you will soon remember them.

Ask a friend to keep testing you on your Spanish. Even better, ask someone to learn Spanish with you so that you can practice together.

Find a Spanish-speaker, and speak as much Spanish as you can. Don't be afraid of making mistakes. No one will mind.

3

Saying "Hello and Goodbye"

The first thing you should know how to say in Spanish is "Hello." There are different greetings for different times of day. Here you can find out what to say when.

In Spanish it is polite to add **Señor**, **Señora** or **Señorita** when you greet people you don't know. You say **Señor** to men, **Señora** to women and **Señorita** to girls.

Saying "Hello"

This is how to say "Hello" to your friends.

This is more polite and means "Have a good day."

This is how you say "Good evening" to someone.

Saying "Goodbye"

Adiós means "Goodbye."

These are different ways of saying "See you later."

Saying "Good night"

You say **Buenas noches** last thing at night.

How are you?

This is how to greet people and ask how they are.

This person is saying that she is fine, thank you . . .

. . . but this one is saying things aren't too good.

¿Cómo estás?

This list shows you different ways of saying how you are, from very well to terrible. What do you think each of the people here would say if you asked them how they were?

muy bien	very well
bien	well
bastante bien	quite well
no muy bien	not very well
muy mal	terrible

What is your name?

Here you can find out how to ask people their name and tell them yours, and how to introduce your friends. Read the picture strip and see how much you can understand. Then try doing the puzzles on the opposite page.

New words

yo	I
tú	you
él	he
ella	she
ellos	they (male)
ellas	they (female)
¿cómo te llamas?	what are you called?
¿cómo se llama él/ella?	what is he/she called?
¿cómo se llaman ellos?	what are they called?
yo me llamo	I am called
él se llama	he is called
ella se llama	she is called
ellos/ellas se llaman	they are called
¿quién es?	who is that?
es	that is
mi amigo	my friend (male)
mi amiga	my friend (female)
¿y tú?	and you?
sí	yes
no	no

Ellos and ellas

There are two words for "they" in Spanish: **ellos** and **ellas**. When you are talking about boys or men, you say **ellos** and when you are talking about girls or women, you say **ellas**.

If you are talking about boys and girls together, you say **ellos**.

Buenos días, ¿cómo te llamas?

Mario, ¿y tú?

Yo me llamo Alicia.

Introducing friends

Es mi amigo. Se llama Pedro.

¿Quién es?

Es mi amiga. Se llama María.

¿Cómo se llaman?

Se llaman Pablo y Juan.

What are their names?

Can you answer these questions in Spanish?

Who is who?

Can you answer the questions below the picture?

Who is talking to Juan?
Who is talking to Amalia?

Who is called Miguel?
Who is talking to him?

Who is called Ana?
Who is going home?

Can you remember?

How would you ask people their name?
How would you tell them your name?

You have a friend called Amalia. How would you introduce her to someone?
How would you tell someone your friend is called Daniel?

Finding out what things are called

Everything in this picture has its name on it. See if you can learn the names for everything; then try the memory test at the bottom of the opposite page. You can find out what **el** and **la** mean at the bottom of the page.

la chimenea

el pájaro

el árbol

el tejado

el sol

¡ Buenos días !

el nido

la ventana

la flor

la casa

Ésta es mi casa.

la puerta

el garaje

la cerca

el gato

el perro

el automóvil

El and la words

All Spanish nouns are either masculine or feminine. The word you use for "the" shows what gender the noun is. The word for "the" is **el** before masculine (m) nouns and **la** before feminine (f) ones. It is best to learn which word to use with each noun. "A" or "an" is **un** before **el** words and **una** before **la** words.

el sol	sun	**el nido**	nest	**la ventana**	window
el árbol	tree	**el pájaro**	bird	**la puerta**	door
el tejado	roof	**el garaje**	garage	**la flor**	flower
el gato	cat	**la casa**	house	**el automóvil**	car
el perro	dog	**la chimenea**	chimney	**la cerca**	fence

Asking what things are called

Don't worry if you don't know what something is called in Spanish. To find out what it is just ask someone **¿qué es esto?** Look at the list of useful phrases below, then read the picture strip to see how to use them.

¿qué es esto?	what is that?
es . . .	that is . . .
también	also
en español	in Spanish
en inglés	in English

¿Qué es esto?

Es una flor.

¿Es esto también una flor?

No, es un árbol.

¿Qué es esto en español?

Es una puerta.

¿Y esto, qué es?

Es un perro.

¿Qué es esto en inglés?

A dog!

Can you remember?

Cover up the opposite page and see if you can name all of these things in Spanish. Don't forget to say whether they are **el** or **la** words.

Where do you come from?

Here you can find out how to ask people where they come from. You can also find out how to ask if they speak Spanish.

New words

¿de dónde eres?	where do you come from?
soy de* . . .	I come from . . .
¿dónde vives?	where do you live?
vivo en . . .	I live in . . .
¿hablas . . . ?	do you speak . . . ?
hablo . . .	I speak . . .
un poco	a little
español	Spanish
inglés	English
alemán	German
éste/ésta es	this is
nosotros	we
ustedes	you (plural)

Countries

África	Africa
Alemania	Germany
Inglaterra	England
Francia	France
la India	India
Escocia	Scotland
Austria	Austria
España	Spain
Hungría	Hungary

Where do you come from?

¿De dónde eres?

Soy de Inglaterra.

¿Dónde vives?

Vivo en Londres.

¿De dónde eres?

Yo soy de Alemania.

Mi amiga es de Francia. Vive en París.

Do you speak Spanish?

¿Hablas español?

Sí, un poco.

¿Hablas español, Lola?

Sí, hablo español y un poco de inglés.

Heinz habla alemán, inglés y español.

10   *De means "from." Before the article el, both words unite forming del: soy del Perú (I come from Peru).

Who comes from where?

These are the contestants for an international dancing competition. They have come from all over the world. The announcer does not speak any Spanish and does not understand where anyone comes from. Read about the contestants and see if you can tell him what he wants to know. His questions are beneath the picture.

Angus viene de Escocia.

Éstos son Marie y Pierre. Vienen de Francia.

Hari e Indira vienen de la India.

Yuri viene de Hungría. Vive en Budapest.

Franz viene de Austria.

Ésta es Lolita. Viene de España.

Where do they all come from?

Where does Franz come from?
What are the Indian contestants called?
Is Lolita Italian or Spanish?

Is there a Scottish contestant?
Where do Marie and Pierre come from?
Who lives in Budapest? Where is Budapest?

Verbs (action words) Spanish verbs change according to who is doing the action. Verbs ending in **ar** follow the same pattern and have the same endings as **hablar**. You will have to learn **venir** by itself.*	singular		**hablar**	to speak	**venir**	to come
	I	**yo**	**hablo****	speak	**vengo**	come
	you (familiar)*	**tú**	**hablas**	speak	**vienes**	come
	you (polite)*	**usted**	**habla**	speak	**viene**	come
	he/she	**él/ella**	**habla**	speaks	**viene**	comes
	plural					
	we	**nosotros**	**hablamos**	speak	**venimos**	come
	you	**ustedes**	**hablan**	speak	**vienen**	come
	they (m/f)	**ellos/ellas**	**hablan**	speak	**vienen**	come

 ## Can you remember?

How would you ask people where they come from?

Can you say where you come from?
How do you say that you speak Spanish?
How would you ask others if they can?

*You can find out more about verbs on page 43 and about familiar and polite forms on page 30.
Note that, in Spanish, you often do not need to say "I," "you," "she," etc. So, both **yo hablo and **hablo** mean "I speak."

More about you

Here you can find out how to count up to 20, say how old you are and say how many brothers and sisters you have.

To say how old you are in Spanish, you say how many years you have. So if you are ten, you say **Yo tengo diez años** (I have ten years).

New words

¿qué edad tienes?	how old are you?
tengo cinco años	I am five years old
¿tienes . . . ?	do you have . . . ?
tengo	I have
no tengo	I have no
el hermano	brother
la hermana	sister
casi	almost
ni	nor
pero	but

Plural words

Most Spanish nouns add an "s" in the plural (when you are talking about more than one person or thing), e.g., **hermana**, **hermanas**. Those nouns ending in a consonant add "es," e.g., **ciudad**, **ciudades**. The word for "the" is **los** for **el** words and **las** for **la** words.

Numbers*

1	uno/una	11	once
2	dos	12	doce
3	tres	13	trece
4	cuatro	14	catorce
5	cinco	15	quince
6	seis	16	dieciséis
7	siete	17	diecisiete
8	ocho	18	dieciocho
9	nueve	19	diecinueve
10	diez	20	veinte

How old are you?

¿Qué edad tienes?

Tengo doce años, ¿y tú?

Yo tengo once años.

Do you have any brothers and sisters?

¿Tienes hermanos y hermanas?

Sí, tengo un hermano y una hermana.

¿Qué edad tienen?

Mi hermano tiene diez años y mi hermana tiene nueve años.

Yo no tengo hermanos ni hermanas.

12   *You will find a complete list of numbers on page 40.

How old are they?

Read what these children are saying. Then see if you can say how old they all are.

Pepe tiene doce años.

Tenemos quince años.

Rosa tiene once años.

Miguel tiene casi catorce años.

Yo tengo cinco años. Él tiene nueve años.

Miguel   **Diana y Silvia**   **Pepe**   **Rosa**   **Luis**   **Carmen**

How many brothers and sisters?

Below you can read how many brothers and sisters the children have. Can you figure out who has which brothers and sisters?

Diana y Silvia tienen un hermano y dos hermanas.

Rosa tiene tres hermanas y dos hermanos.

Miguel tiene cinco hermanas, pero no tiene hermanos.

Luis tiene un hermano, pero no tiene hermanas.

Pepe no tiene hermanos ni hermanas, pero tiene un perro.

A

B

D

C

E

Useful verbs

tener	to have
yo tengo	I have
tú tienes	you have (familiar)
usted tiene	you have (polite)
él/ella tiene	he/she/it has
nosotros tenemos	we have
ustedes tienen	you have (plural)
ellos/ellas tienen	they have

ser*	to be
yo soy	I am
tú eres	you are (familiar)
usted es	you are (polite)
él/ella es	he/she/it is
nosotros somos	we are
ustedes son	you are (plural)
ellos/ellas son	they are

*Ser is used on the next page, so it may help you to learn it now.

Talking about your family

On these two pages you will learn lots of words which will help you to talk about your family. You will also find out how to say "my" and "your" and describe people.

Ésta es mi familia.

mi perro

mi abuelo

mi papá

mi hermana

mi tío

mi gato

mi abuela

mi mamá

mi hermano

mi tía

Who's who?

¿Es tu hermano?

Sí, es mi hermano.

Y ésta, ¿es tu hermana?

Sí, se llama Natalia.

¿Éstos son tus papás?

¡No! Éstos son mis abuelos.

New words

la familia	family	**la tía**	aunt	**delgado/a**	thin
el abuelo	grandfather	**los abuelos**	grandparents	**viejo/a**	old
la abuela	grandmother	**los papás**	parents	**joven**	young
el papá	father	**alto/a**	tall	**rubio/a**	blond
la mamá	mother	**bajo/a**	short	**moreno/a**	dark-haired
el tío	uncle	**grueso/a**	fat	**simpático/a**	friendly

How to say "my" and "your"

		my	your
The word you use for "my" or "your" depends on whether you are talking about a singular or a plural word.*	singulars	**mi**	**tu**
	plurals	**mis**	**tus**

 *You can find out more about this on pages 42-43.

Describing your family

Mi papá es alto y mi mamá es baja.

Mi mamá es alta y mi papá es bajo.

Mi tío es grueso y mi tía es delgada.

Mi abuelo es muy viejo. Yo soy joven.

Mi hermana es rubia. Mi hermano es moreno.

Mi perro es simpático.

Describing words

Spanish adjectives change their endings depending on whether they are describing an **el** or **la** word. In the word list the masculine form is shown, along with the letters you add to make it feminine.*

Can you describe each of these people in Spanish, starting **Él es . . .** or **Ella es . . .** ?

*You can find out more about adjectives on pages 42–43.

15

Your home

Here you can find out how to say what sort of home you live in and where it is. You can also learn the names of all the rooms.

New words

o/u*	or
la casa	house
el apartamento	apartment
el castillo	castle
en la ciudad	in town
en el campo	in the country
a la orilla del mar	by the sea
papá	Dad
mamá	Mom
abuelito	Grandpa
abuelita	Grandma
el fantasma	ghost
¿dónde estás?	where are you?
el cuarto de baño	bathroom
el comedor	dining room
el dormitorio	bedroom
la sala	living room
la cocina	kitchen
el vestíbulo	hall
arriba	upstairs

Where do you live?

¿Vives en una casa o en un apartamento?

Vivo en una casa.

Vivo en un apartamento.

Vivo en un castillo.

Town or country?

Vivo en la ciudad.

Vivo en el campo.

Vivo a la orilla del mar.

16   *You use **o** before words beginning with a consonant and most vowels; you use **u** before words beginning with **o** or **ho**.

Where is everyone?

Papa comes home and wants to know where everyone is. Look at the pictures and see if you can tell him where everyone is, e.g., **Abuelita está en la sala**. Then see if you can answer the questions below the little pictures.

¿Quién está en el comedor?
¿Quién está en la cocina?
¿Quién está en el cuarto de baño?
¿Quién está en el dormitorio?

¿Dónde está abuelita?
¿Dónde está el fantasma?
¿Dónde está el perro?
¿Dónde está Pedro?
¿Dónde está papá? (Look at the word list.)

Can you remember?

How do you ask people where they live?
How do you ask if they live in a house or an apartment?

Can you remember how to say "in the country"?
Can you remember how to say "in town"?

How would you tell someone you were upstairs?
How would you say you were in the kitchen?

Looking for things

Here you can find out how to ask people what they are looking for and tell them where things are. You can also learn lots of words for things around the house.

New words

buscar	to look for
alguna cosa	something
el hámster	hamster
encontrar	to find
lo	him/it
sobre	on
bajo	under
detrás de	behind
delante de	in front of
entre	between
al lado de	next to
la alacena	cupboard
el armario	closet
la butaca	armchair
la cortina	curtain
la planta	plant
el estante	shelf
la mesa	table
la alfombra	carpet
el sofá	sofa
la televisión	television
el teléfono	telephone
el jarrón	vase
¡aquí está!	here it is!

¿Él or ella?

There isn't a special word for "it" in Spanish. You use **él** or **ella** ("he" or "she") depending on whether the word you are replacing is masculine or feminine. You use **él** to replace masculine words and **ella** to replace feminine ones.

¿Esto es para **el** hámster?
Sí, es para **él**.

¿Esto es para **la** tortuga?
Sí, es para **ella**.

The missing hamster

18

In, on or under?

Try to learn these words by heart. **Al lado de** changes to **al lado del** when you put it before an **el** word, e.g., **al lado del sofá** (next to the sofa).

en *detrás de* *delante de* *al lado de* *bajo* *sobre*

Where are they hiding?

Señor López's six pets are hiding somewhere in the room, but he cannot find them. Can you tell him where they are in Spanish, using the words above?

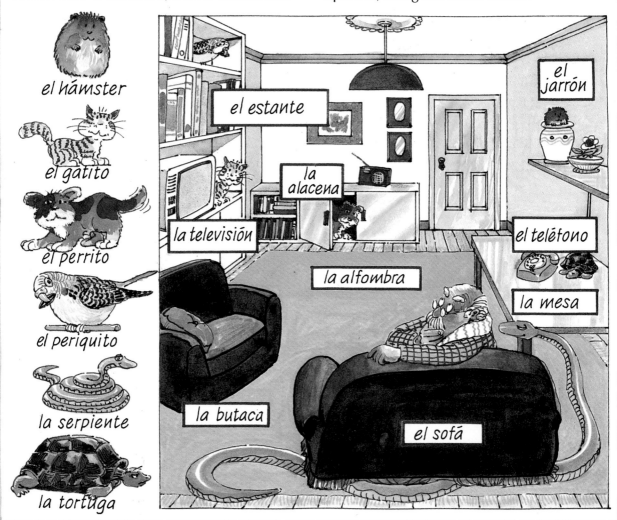

el hámster

el gatito

el perrito

el periquito

la serpiente

la tortuga

el estante

el jarrón

la alacena

la televisión

el teléfono

la alfombra

la mesa

la butaca

el sofá

19

What do you like to eat?

Here you can find out how to say what you like and don't like.

New words

gustar	to like
¿le/te gusta?*	do you like?
me gusta	I like
no me gusta**	I don't like
¿qué . . .	what . . . ?
adorar	to like a lot
nada	not at all
entonces	then
mucho	very much
lo que más	the most
preferir	to prefer
sobre todo	best of all
la ensalada	salad
el pescado	fish
las papas fritas	French fries
el pastel	cake
la salchicha	sausage
el bistec	steak
los espaguetis	spaghetti
comer	to eat
la pizza	pizza
la hamburguesa	hamburger
el arroz	rice
el pan	bread
el queso	cheese
yo también	me too

What do you like?

¿Le gusta la ensalada?

No, no me gusta la ensalada.

¿le gusta el pescado?

No, ¡no me gusta nada!

¿Qué le gusta, entonces?

Me gustan las papas fritas.

¡Y adoro los pasteles!

What do you like best?

¿Qué le gusta más?

Me gustan mucho las salchichas.

. . . Pero prefiero el bistec.

. . . Y me gustan sobre todo los espaguetis.

*Among friends one would say **"¿te gusta . . . ?"** In a restaurant, the chef would always say **"¿le gusta . . . ?"**
**You can read more about negatives on pages 42-43.

What are they eating?

¿Qué comes?

Como una pizza.

Ella come papas fritas.

Él come pan y queso.

Nosotros comemos hamburguesas.

Ustedes comen arroz.

Ellos comen bananas.

Who likes what?

Who likes cheese? Who doesn't like ham?
Who prefers grapes to bananas?

Can you say in Spanish which things you
like and which you don't like?

A mí también, pero no me gusta el jamón.

Me gustan las bananas.

Yo prefiero las uvas.

Me gusta el queso.

Me gusta sobre todo la tarta de frutas.

Juan

Simón

Abuelito

Jaime

Isabel

el jamón   la mantequilla   la quiche

el pan   la ensalada   los tomates   el queso

las bananas   las uvas   una tarta de frutas   el jugo de naranja

Unos, unas, algunos, algunas

These mean "some" and are often used
when no word is used in English, e.g., **come
algunas uvas** (he is eating grapes.). You use

unos and **algunos** before **el** words, **unas** and
algunas before **la** words.

21

Table talk

Here you can learn all sorts of useful things to say if you are having a meal with Spanish-speaking friends or eating out in a Spanish restaurant.

New words

a la mesa, por favor	come to the table please
tengo hambre	I'm hungry
yo también	me too
sírvete	help yourself
sírvanse	help yourselves
buen provecho	enjoy your meal
¿me puedes pasar . . .	can you pass me . . .
el agua	water
el pan	bread
el vaso	glass
¿quiere usted* . . . ?	would you like . . . ?
más . . .	some more . . .
la carne	meat
sí, por favor	yes please
no, gracias	no, thank you
he comido suficiente	I've had enough
¿está bueno?	is it good?
está delicioso	it's delicious

Dinner is ready

¡A la mesa, por favor!

Tengo hambre.

¡Yo también!

Sírvete, por favor.

Gracias.

¡Buen provecho!

¡Buen provecho!

Please will you pass me . . .

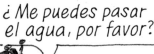

¿Me puedes pasar el agua, por favor?

¿Me puedes pasar el pan, por favor?

¿Me puedes pasar un vaso, por favor?

*Usted is a polite way of saying "you." You can find out more about it on page 30.

Would you like some more?

Who is saying what?

These little pictures show you different mealtime situations. Cover up the rest of the page and see if you know what everyone would say in Spanish.

Simón is saying he is hungry.

The chef wants you to enjoy your meal.

Isabel is saying "Help yourself."

Pedro wants someone to pass him a glass.

Mamá is offering Simón more French fries.

He says, "Yes please," and that he likes French fries.

Then he says, "No thanks." He's had enough.

Marcos is saying the food is delicious.

Algo de

Algo de (meaning "some") is often used with food in Spanish as follows:

algo de café
algo de queso

algo de pan
algo de agua

23

Your hobbies

These people are talking about their hobbies.

New words

hacer	to do
pintar	to paint
cocinar	to cook
el pasatiempo	hobby
construir cosas	to make things
bailar	to dance
leer	to read
mirar la televisión	to watch TV
tricotar	to knit
nadar	to swim
jugar	to play
el deporte	sport(s)
el fútbol	soccer
el tenis	tennis
la música	music
escuchar	to listen to
el instrumento	instrument
el violín	violin
el piano	piano
por la tarde	in the afternoon /evening

hacer (to make or do)

yo hago	I do
tú haces	you do (familiar)
usted hace	you do (polite)
él/ella hace	he/she does
nosotros hacemos	we do
ustedes hacen	you do (plural)
ellos/ellas hacen	they do

jugar y tocar
When you talk about playing a sport, you say **jugar a**, then the name of the sport. **A + el** becomes **al**, e.g., **yo juego al fútbol** (I play soccer).

To talk about playing an instrument, you say **tocar**, e.g., **yo toco el piano** (I play the piano).

What do you do in the evenings?

The sporty type

¿Tienes algún pasatiempo?

Me gusta el deporte.

Yo nado.

Yo juego al fútbol

y juego al tenis.

Music lovers

¿Tienen ustedes pasatiempos?

Sí, nos gusta escuchar música.

¿Tocan algún instrumento?

Y yo toco el piano.

Sí, yo toco el violín.

What are they doing?

A B C D E

Cover up the rest of the page and see if you can say what all these people are doing in Spanish, e.g., **Él juega al fútbol.** What are your hobbies?

25

Telling time

Here you can find out how to tell time in Spanish. You can look up any numbers you don't know on page 40.

When telling the time in Spanish there is no word for "after"; you just add the number of minutes to the hour: **son las nueve y cinco** (it is five after nine). To say "five to" you say **menos cinco** (less five); **son las nueve menos cinco** (it is five to nine).

New words

¿qué hora es?	what time is it?
es la una*	it is one o'clock
son las dos	it is two o'clock
menos cinco	five to
y cuarto	a quarter after
menos cuarto	a quarter to
y media	half past
mediodía	noon
medianoche	midnight
de la mañana	in the morning
de la tarde	in the evening
a	at
levantarse	to get up
su	his/her
el desayuno	breakfast
el almuerzo	lunch
la cena	supper, dinner
él va	he goes
a la escuela	to school
a la cama	to bed

ir (to go)

yo voy	I go
tú vas	you go (familiar)
usted va	you go (polite)
él/ella va	he/she goes
nosotros vamos	we go
ustedes van	you go (plural)
ellos/ellas van	they go

What time is it?

Here is how to ask what time it is.

The time is . . .

Son las nueve y cinco.

Son las nueve y cuarto.

Son las nueve y media.

Son las diez menos cuarto.

Son las diez menos cinco.

Es mediodía/ medianoche.

What time of day?

Son las seis de la mañana.

Son las seis de la tarde.

26   *For "one o'clock," the verb used is singular, e.g., **es la una y diez** (it is ten after one). For the other hours, the verb is plural, e.g., **son las tres y cuarto** (it is a quarter after three).

Marcos' day

Read what Marcos does throughout the day; then see if you can match each clock with the right picture. Go to it! The clocks are ticking.

  a

 b

 c

 d

 e

 f

 g

 h

1 Marcos se levanta a las siete y media.*

2 Toma su desayuno a las ocho.

3 A las nueve menos cuarto, va a la escuela.

4 Toma su almuerzo a las doce y media.

5 A las dos y diez juega al fútbol.

6 A las cinco y cuarto mira la televisión.

7 A las seis toma su cena.

8 Se va a la cama a las ocho y media.

What time is it?

Can you say in Spanish what times these watches and clocks show?

*Some verbs are formed from two parts. You can read about these on pages 42-43.

Arranging things

Here is how to arrange things with your friends.

New words

¿vamos...?	shall we go...?
¿cuándo?	when?
el martes	on Tuesday
por la mañana	in the morning
por la tarde	in the afternoon
por la noche	in the evening
la piscina	swimming pool
hacia	at about
hasta el martes	until Tuesday
hoy	today
hasta mañana	until tomorrow
esta tarde	this evening /afternoon
de acuerdo	O.K.
no puedo	I can't
no es posible	that's no good
¡qué pena!	it's a pity!
ir a	to go to
el cine	the movies
la fiesta	party

Days of the week

domingo	Sunday
lunes	Monday
martes	Tuesday
miércoles	Wednesday
jueves	Thursday
viernes	Friday
sábado	Saturday

Tennis

Swimming

Going to the movies

Going to a party

- ¿Vienes a mi fiesta?
- ¿Cuándo es?
- El sábado por la tarde.
- ¡Qué pena! No es posible.
- El sábado voy a bailar.

Your schedule for the week

Here is your schedule, showing what you are doing for a week. Read it and see if you can answer the questions at the bottom of the page in Spanish.

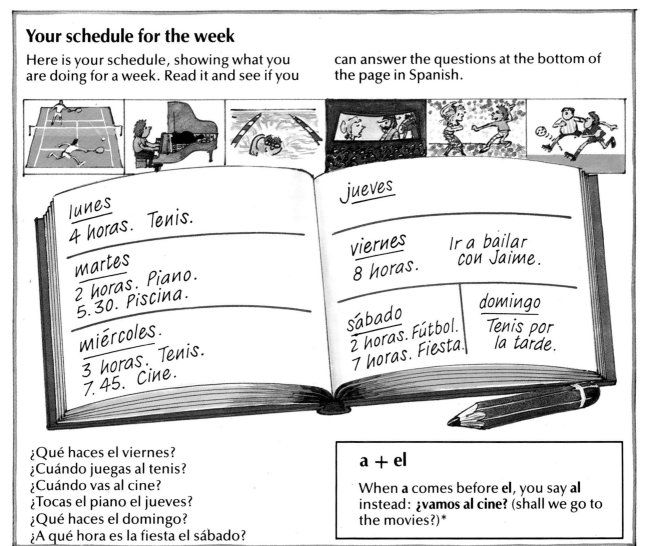

lunes
4 horas. Tenis.

martes
2 horas. Piano.
5.30. Piscina.

miércoles.
3 horas. Tenis.
7.45. Cine.

jueves

viernes
8 horas.   Ir a bailar con Jaime.

sábado
2 horas. Fútbol.
7 horas. Fiesta.

domingo
Tenis por la tarde.

¿Qué haces el viernes?
¿Cuándo juegas al tenis?
¿Cuándo vas al cine?
¿Tocas el piano el jueves?
¿Qué haces el domingo?
¿A qué hora es la fiesta el sábado?

a + el

When **a** comes before **el**, you say **al** instead: **¿vamos al cine?** (shall we go to the movies?)*

*You can find out more about this on pages 42-43.

29

Asking where places are

Here and on the next two pages you can find out how to ask your way around.

New words

perdone	excuse me
de nada	you're welcome
aquí, allí	here, there
la oficina de correos	post office
en la plaza del mercado	in the market place
el hotel	hotel
después	then
gire...	turn...
¿hay...?	is there...?
cerca de aquí	nearby
la calle	street
justo	just
¿está lejos?	is it far?
a cinco minutos	five minutes away
a pie	on foot
el supermercado	supermarket
frente a	across from
al lado de	next to
el banco	bank
la farmacia	pharmacy

Tú, usted, ustedes

In Spanish there are three words for "you" – **tú**, **usted** and **ustedes**. You say **tú** to a friend, but it is more polite to say **usted** to an adult you don't know well. You use **ustedes** when talking to more than one person.

Directions

todo recto

a la izquierda   a la derecha

Being polite

Perdone, Señor...

Gracias.

De nada.

This is how to say "Excuse me." It is best to add **Señor**, **Señora** or **Señorita**.

When people thank you, it is polite to answer **"De nada."**

Where is...?

Perdone, Señora, ¿dónde está la oficina de correos?

Allí, en la plaza del mercado.

¿Dónde está el hotel, por favor?

Gire a la izquierda aquí, después siga todo recto.

Is there a . . . nearby?

Is it far?

Other useful places to ask for

la estación	una estación de servicio	los cuartos de baño	un buzón
the train station	a service station	the bathrooms	a mailbox
una cabina telefónica	un camping	el hospital	el aeropuerto
a telephone booth	a campsite	the hospital	the airport

Finding your way around

Here you can find out how to ask your way around and follow directions. When you have read everything, try the map puzzle on the opposite page.

Perdone, Señor, ¿para ir a la estación, por favor? *

Tome la primera a la derecha, después la segunda a la izquierda.

La estación está a la derecha.

¿Para ir al albergue de juventud, por favor?

Siga todo derecho hasta la estación...

después tome la tercera calle a la derecha.

¿Para ir a la oficina de turismo, por favor?

¿En automóvil? Continúe todo recto...

Después tome la primera calle a la izquierda.

*Por favor** is the polite way to say "please."

New words

¿para ir a . . .	how do I get to?	**hasta**	as far as
tome . . .	take . . .	**en automóvil**	by car
continúe . . .	keep going	**la primera calle**	the first street
el albergue de juventud	youth hostel	**la segunda calle**	the second street
la oficina de turismo	tourist office	**la tercera calle**	the third street
		el Ayuntamiento	city hall
		la iglesia	church

---

tomar   to take

yo tomo	I take	**nosotros tomamos**	we take
tú tomas	you take (familiar)	**ustedes toman**	you take (plural)
usted toma	you take (polite)	**ellos/ellas toman**	they take
él/ella toma	he/she takes		

When people are telling you where to go, they use the **usted** part of the verb, but they change the "a" to "e," e.g., **Tome la primera calle . . .**

Finding your way around Bahía

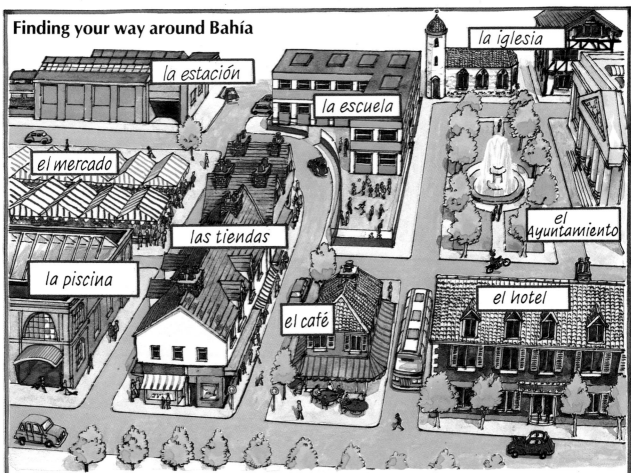

la iglesia · la estación · la escuela · el mercado · las tiendas · la piscina · el café · el Ayuntamiento · el hotel

How would you ask people the way to the market place? How would you ask them if there is a café nearby? Ask how far it is.

Can you tell the person in the yellow car how to get to the church?
Can you direct someone from the hotel to the market?

Where would these directions take the yellow car?
Tome la segunda calle a la izquierda y está a la derecha.

33

Going shopping

Here and on the next two pages you can find out how to say what you want when you go shopping. When you go into a shop where Spanish is spoken you should say **"Buenos días, Señora"** (or **Señor**). If there are lots of people in there you say **"Buenos días, Señores, Señoras."**

Dinero mexicano

There are 100 **centavos** in one **peso**. On price tags in Mexico, **$** stands for the word **peso**. So, **trecientos pesos** is written **$300**. To understand prices, you must know the numbers in Spanish. They are listed on page 40 and page 44.

New words

ir de compras	to go shopping
comprar	to buy
la panadería	bakery
la tienda de comestibles	grocery
la carnicería	butcher shop
la leche	milk
el huevo	egg
la fruta	piece of fruit
las verduras	vegetables
la carne	meat
el panecillo	roll
la manzana	apple
el tomate	tomato
¿qué desea usted?	can I help you?
quiero	I want
sí, como no	with pleasure
¿eso es todo?	is that all?
¿algo más?	anything else?
¿cuánto es eso?	how much is that?
aquí está	there you are
un litro	a liter
un kilo	a kilo
entonces	so, well then

Señora Prados goes shopping

La Señora Prados va de compras.

Compra pan en la panadería.

En la panadería

Buenos días, Señora.

Buenos días, Señora.

Quiero cuatro panecillos.

Cuarenta pesos, por favor.

Sí, como no. ¿Eso es todo?

Sí, gracias. ¿Cuánto es eso?

$40

¡Aquí los tiene! Gracias.

Compra leche y huevos en la tienda de comestibles.

Compra frutas y verduras en el mercado.

Compra carne en la carnicería.

En la tienda de comestibles

En el mercado

More shopping and going to a café

Here you can find out how to ask how much things cost and how to order things in a café.

New words

costar	to cost
¿cuánto cuesta cuestan?	how much is/ are?
la tarjeta postal	postcard
...el kilo	...a kilo
...cada uno/una	...each
la rosa	rose
deme siete	give me seven
el café	coffee
la cuenta	the check
las uvas	grapes
la naranja	orange
la banana	banana
la piña	pineapple
el limón	lemon
el durazno	peach
la limonada	fizzy lemonade
la coca-cola	Coca-Cola
el té	tea
con leche	with milk
con limón	with lemon
el chocolate	chocolate
un vaso de	a glass of
un helado	ice cream

Asking how much things cost

¿Cuánto cuesta* esta tarjeta postal?

Cincuenta pesos.

¿Cuánto cuestan las uvas?

Trecientos pesos el kilo.

$300

¿Cuánto cuestan las rosas?

Docientos pesos cada una.

$200

Entonces deme siete, por favor.

Going to a café

¿Qué desea?

Un café, por favor.

¡Aquí lo tiene!

Gracias.

La cuenta, por favor.

Son setenta y cinco pesos.

36 *To learn more about verbs like **costar** (verbs that sometimes change letters in their stem, e.g., **cuesta**), see pages 42-43.

Buying fruit

Everything on the fruit stand is marked with its name and price.

Look at the picture, then see if you can answer the questions below it.

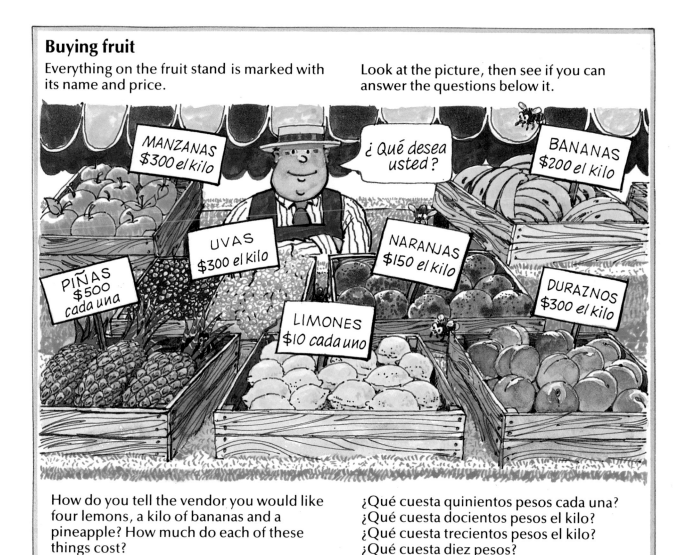

How do you tell the vendor you would like four lemons, a kilo of bananas and a pineapple? How much do each of these things cost?

¿Qué cuesta quinientos pesos cada una?
¿Qué cuesta docientos pesos el kilo?
¿Qué cuesta trecientos pesos el kilo?
¿Qué cuesta diez pesos?

Things to order

Here are some things you might want to order in a café.

Quiero . . .

| una limonada | una coca-cola | un té con leche | un té con limón |
| un jugo de naranja | un chocolate | un vaso de leche | un helado |

The months and seasons

Here you can learn what the seasons and months are called and find out how to say what the date is.

New words

el mes	month
el año	year
¿cuál es la fecha?	what is the date?
hoy	today
el cumpleaños	birthday

The seasons

la primavera	spring
el verano	summer
el otoño	autumn
el invierno	winter

The months

enero	January
febrero	February
marzo	March
abril	April
mayo	May
junio	June
julio	July
agosto	August
septiembre	September
octubre	October
noviembre	November
diciembre	December

The seasons

la primavera

marzo, abril, mayo...

el verano

junio, julio, agosto...

el otoño

septiembre, octubre, noviembre...

el invierno

diciembre, enero, febrero

First, second, third...

For "first," "second," and "third," you say **primero**, **segundo**, **tercero** to stand for **el** words and **primera**, **segunda**, **tercera** to stand for **la** words.* Before a noun you say **primer**, **segundo**, **tercer** with **el** words and **primera**, **segunda**, **tercera** with **la** words.**

With dates you say **el primero** for "the first," but for all other dates you just say **el** plus the number.

Enero es el primer mes del año.

Febrero es el segundo mes del año.

Marzo es el tercer mes del año.

Can you say where the rest of the months come in the year?

*De estos dos libros, el primero es mejor. (Of these two books, the first is better.)
**el tercer día (the third day), la segunda parte (the second part)

What is the date?

Hoy es el tres de mayo.

¿Cuál es la fecha de hoy?

El primero de enero.

Writing the date

Buenos Aires, 4 de mayo

Here you can see how a date is written. You put the number, **de** (of) and the month.

When is your birthday?

¿Cuándo es tu cumpleaños?

Es el diez de noviembre.

Mi cumpleaños es el doce de febrero.

El cumpleaños de Simón es el ocho de junio.

When are their birthdays?

The dates of the children's birthdays are written below their pictures. Can you say in Spanish when they are, e.g., **El cumpleaños de Marisa es el dos de abril.**

Marisa	Armando	Elena	Clara	Carlos	Roberto

el 2 de abril	el 21 de junio	el 18 de octubre	el 31 de agosto	el 3 de marzo	el 7 de septiembre

39

Colors and numbers

Colors are describing words, so they end in "o" when they refer to an **el** word and in "a" when they refer to a **la** word. If a color ends in "e" or in a consonant, the ending doesn't change.

The colors

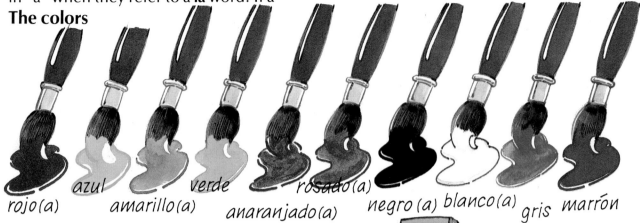

rojo(a)   azul   amarillo(a)   verde   anaranjado(a)   rosado(a)   negro(a)   blanco(a)   gris   marrón

What color is it?

Cover the picture above and see if you can say what color everything is in the painting. You should know all the words you need.*

Numbers

You count the 30s, 40s, etc., through the 90s in the same way as 30-39: **treinta y uno** (31), **treinta y dos** (32), **treinta y tres** (33), etc.

1	uno	11	once	21	veintiuno	31	treinta y uno
2	dos	12	doce	22	veintidós	40	cuarenta
3	tres	13	trece	23	veintitrés	41	cuarenta y uno
4	cuatro	14	catorce	24	veinticuatro	50	cincuenta
5	cinco	15	quince	25	veinticinco	51	cincuenta y uno
6	seis	16	dieciséis	26	veintiséis	60	sesenta
7	siete	17	diecisiete	27	veintisiete	70	setenta
8	ocho	18	dieciocho	28	veintiocho	80	ochenta
9	nueve	19	diecinueve	29	veintinueve	90	noventa
10	diez	20	veinte	30	treinta	100	cien**

*"The sky" is **el cielo**.
**For numbers up to 500, see page 44.

Pronunciation guide

When you speak Spanish, people will understand you better if you try to sound like a Spanish-speaking person. Many letters in Spanish sound different from English ones. The best way to learn how to say them is to listen carefully to a Spanish-speaking person and copy what they say, but here are some general pointers to help you.

There is an example next to each letter with a hint in italics on how to pronounce it. For each Spanish sound we have shown an English word (or part of a word) that sounds like it. Read it normally to see how the Spanish should be pronounced.

é
A mark like this above a vowel is called a "stress mark." It means you should stress this part of the word, in other words, pronounce it more strongly than the rest.

a
The Spanish "a" is very much like the "a" in the English "cart" but not quite so long.
gracias *grahsyass*

e
The Spanish "e" is sometimes like the "a" in "late."
de *day*
But less often it is like the "e" in "get."
febrero *fehbrehroe*

i
In Spanish, "i" is always pronounced like the "ee" in "feet."
sí *see*

o
The Spanish "o" is like the "oe" in "toe."
sopa *soepah*

u
The Spanish "u" is like the "oo" in "loot."
una *oonah*

y
The Spanish "y" is a vowel when it is alone or at the end of a word. It is like the "ee" in "feet."
y *ee*

Many consonants, such as "d" and "g," sound softer than they do in English.

ñ
A mark like this above an "n" makes it sound like "ny." Pronounce it like the middle of the English word "onion."
señor *saynyor*

h
The Spanish "h" is never pronounced.
hombre *ombray*
All the other letters are pronounced except the "u," which is sometimes silent.

z
The Spanish "z" is pronounced like the "s" in "case."
brazo *brahso*

c
"C" also has an "s" sound, when it is followed by an "i" or "e."
centro *sayntroe*
Otherwise it is pronounced like the English word "cat."
como *koemoe*

b/v
The letters "b" and "v" sound the same in Spanish. To pronounce them, make a sound halfway between the two.
favor *fahbhor*

r
The Spanish "r" is a trilling sound made by putting your tongue behind your upper teeth.
río *reeoe*

j
The Spanish "j" is like the "ch" in the name of the composer "Bach."
pájaro *pah-haroe*

ll
In Spanish, "ll" is pronounced like a "y," as in the English word "yes."
lleno *yaynoe*

qu
In Spanish, "qu" sounds like "k" in the English word "kit."
mantequilla *mantekeeya*

Grammar

Grammar is a set of rules about how to put words together and it is different for every language. You will find Spanish easier if you learn some of its grammar, but don't worry if you don't understand it all right away. Just read about it a little at a time. This is a summary of the grammar used in this book.

el, la

In Spanish every noun is masculine (m) or feminine (f). Most nouns ending in **o** are masculine, and those ending in **a, d** or **ción** are usually feminine.* With other endings you have to learn whether the noun is masculine or feminine when you learn it. It is best always to learn the word "the" with the noun. The word for "the" is **el** before masculine nouns and **la** before feminine nouns.

el libro	the book
la camisa	the shirt

los, las

When talking about more than one thing, the word for "the" is **los** for masculine words and **las** for feminine words.

los libros	the books
las camisas	the shirts

To make a noun plural just add **s** to words ending in a vowel, and **es** to words ending in a consonant.

un, una

The Spanish for "a" or "an" is **un** before masculine nouns and **una** for feminine nouns.

un libro	a book
una camisa	a shirt

al, del

If **el** comes after **a** (to, at), it becomes **al**.

Juan va al supermercado. John goes to the supermarket.

If **el** comes after **de** (of, from), it becomes **del**.

El libro del hombre. The man's book.

Pronouns

There are three words for "you" in Spanish: you say **tú** to a friend and **usted** when you want to be polite or when you are talking to a person you don't know well. You say **ustedes** when you are talking to more than one person. There are two words for "it": **él** for **el** words and **ella** for **la** words. There are also two words for "they": **ellos** for boys, men and **el** words and **ellas** for girls, women and **la** words. For masculine and feminine words together, you say **ellos**. Here are pronouns you should know:

yo	I	**tú**	you (informal)	**él**	he, it (m)	**nosotros**	we	**ellos**	they (m)
		usted	you (polite)	**ella**	she, it (f)	**ustedes**	you (plural)	**ellas**	they (f)

Adjectives

An adjective is a describing word. Spanish adjectives change their endings depending on whether they are describing a masculine or a feminine word and whether the word is singular or plural. In word lists, the masculine singular adjective is shown. Masculine singular adjectives usually end in **o**. To make an adjective feminine, you normally drop the **o** and add an **a**. To make these adjectives plural, you add an **s**.

el niño contento	the happy boy
la niña contenta	the happy girl
los niños contentos	the happy children

If an adjective ends in **e**, it is the same in the masculine and feminine forms. The plural is made by adding **s**.

el libro grande	the big book
la casa grande	the big house
las bolsas grandes	the big bags

If an adjective ends in a consonant, it is the same in the masculine and feminine forms. The plural of both is made by adding **es**.

el brazo débil	the weak arm
la gata débil	the weak cat
los animales débiles	the weak animals

42 *However, **la mano** (the hand) is feminine, and **el día** (the day) is masculine.

Verbs

Spanish verbs (doing words) change depending on the subject (the person who is doing the action). Most of them follow regular patterns and have the same endings. The main type of verb used in this book ends in **ar**, like **hablar** (to speak). You can see what the different endings are to the right.

There are some verbs in this book that do not follow regular patterns. It is best to learn these as you go along.

hablar	to speak
yo hablo	I speak
tú hablas	you speak (informal)
usted habla	you speak (polite)
él/ella habla	he/she/it speaks
nosotros hablamos	we speak
ustedes hablan	you speak (plural)
ellos/ellas hablan	they speak

Negative verbs

To make a verb negative in Spanish, e.g., to say "I do not . . . ," "he does not . . . ," you put **no** immediately before the verb.

Yo no hablo español.   I do not speak Spanish.

No están felices.*   They are not happy.

Stem-changing verbs

Some verbs change their "stem" (the part remaining after the **ar** is dropped) in the present tense. After dropping the **ar**, the **e** of the last syllable changes to **ie**, and the **o** in the last syllable changes to **ue**. Some verbs change from **e** to **i**. The "we" form of the verb never changes.

pensar (ie) to think
pienso, piensas, piensa, pensamos, piensan

contar (ue) to count
cuento, cuentas, cuenta, contamos, cuentan

Reflexive verbs

There are verbs that always have a special pronoun in front of them. Where in English we say "I sit down," Spanish-speakers say "I sit myself down": **me siento**. The pronoun changes depending on who is doing the action.

You will notice these verbs in the Glossary of this book because of the **se** that appears at the end of them.

sentar(se)	to sit down
(yo) me siento	I sit down
(tú) te sientas	you sit down
(usted/él/ella) se sienta	you sit down he/she/it sits down
(nosotros) nos sentamos	we sit down
(ustedes/ellos/ellas) se sientan	you/they sit down

Estar and ser

There are two verbs meaning "to be" in Spanish: **ser** and **estar**.

Ser is used to describe people and things and for telling time.

Estar is used to describe the location of persons and things (for example, "He is in America.") and temporary conditions (such as, "He is angry.")

estar	ser	to be
estoy	soy	I am
estás	eres	you are (informal)
está	es	you are (polite) he/she/it is
estamos	somos	we are
están	son	you are (plural)/ they are

Estar is also used to make another verb form that is used to express an action that goes on for some time. When you say in English, for example, "he is talking," Spanish-speakers say **"está hablando."** It is made up of the verb "to be" and a verb form called the "present participle." In English, the present participle ends in "ing." In Spanish, verbs ending in **ar** change their ending to **ando** to form the present participle.

hablar   to speak   **hablando**   speaking

*Note that, in Spanish, you do not necessarily need to use words such as "I," "you," "he," "she," "it," etc. The endings of the verb alone can express these words.

Useful words and phrases

Months, seasons and days

The months

January	**enero**
February	**febrero**
March	**marzo**
April	**abril**
May	**mayo**
June	**junio**
July	**julio**
August	**agosto**
September	**septiembre**
October	**octubre**
November	**noviembre**
December	**diciembre**

The seasons

spring	**la primavera**
summer	**el verano**
autumn/fall	**el otoño**
winter	**el invierno**

The days

Monday	**lunes**
Tuesday	**martes**
Wednesday	**miércoles**
Thursday	**jueves**
Friday	**viernes**
Saturday	**sábado**
Sunday	**domingo**

Numbers and telling time

1 **uno**	11 **once**	21 **veintiuno**	40 **cuarenta**
2 **dos**	12 **doce**	22 **veintidós**	50 **cincuenta**
3 **tres**	13 **trece**	23 **veintitrés**	60 **sesenta**
4 **cuatro**	14 **catorce**	24 **veinticuatro**	70 **setenta**
5 **cinco**	15 **quince**	25 **veinticinco**	80 **ochenta**
6 **seis**	16 **dieciséis**	26 **veintiséis**	90 **noventa**
7 **siete**	17 **diecisiete**	27 **veintisiete**	100 **cien**
8 **ocho**	18 **dieciocho**	28 **veintiocho**	200 **docientos**
9 **nueve**	19 **diecinueve**	29 **veintinueve**	300 **trecientos**
10 **diez**	20 **veinte**	30 **treinta**	400 **cuatrocientos**
			500 **quinientos**

Telling time

What time is it?	¿Qué hora es?
It is eight o'clock	**Son las ocho**
It is a quarter to nine	**Son las nueve menos cuarto**
It is five to five	**Son las cinco menos cinco**
It is a quarter after eight	**Son las ocho y cuarto**
It is ten after seven	**Son las siete y diez**
It is half past ten	**Son las diez y media**
It is noon	**Es el mediodía**
It is midnight	**Es la medianoche**

Countries and continents

Africa	**África**	Hungary	**Hungría**
Argentina	**Argentina**	India	**la India**
Asia	**Asia**	Italy	**Italia**
Australia	**Australia**	Japan	**Japón**
Belgium	**Bélgica**	Mexico	**México**
Brazil	**Brasil**	The Netherlands	**Países Bajos**
Canada	**Canadá**	New Zealand	**Nueva Zelandia**
China	**China**	North America	**América del Norte**
Colombia	**Colombia**	Peru	**Perú**
Czechoslovakia	**Checoslovaquia**	Poland	**Polonia**
Denmark	**Dinamarca**	South America	**América del Sur**
England	**Inglaterra**	Soviet Union	**Unión Soviética**
Europe	**Europa**	Spain	**España**
France	**Francia**	Switzerland	**Suiza**
Germany	**Alemania**	United States	**Estados Unidos**
Great Britain	**Gran Bretaña**	Venezuela	**Venezuela**

Useful words and phrases

Yes	**Sí**
No	**No**
Please	**Por favor**
I would like . . .	**Me gustaría . . .**
Thank you	**Gracias**
I'm sorry	**Lo siento**
Excuse me	**Perdone**
Mr.	**Señor**
Mrs.	**Señora**
Miss	**Señorita**
I do not understand	**No entiendo.**
I do not speak Spanish.	**No hablo español.**
Please speak more slowly.	**Más despacio, por favor.**

Making friends

Hello	**Hola**
Good morning	**Buenos días**
Good afternoon	**Buenas tardes**
Good night	**Buenas noches**
Goodbye	**Adiós**
What is your name?	**¿Cómo te llamas?**
My name is Roger.	**Me llamo Roger.**
How are you?	**¿Cómo está usted?**
Very well. And you?	**Muy bien. ¿Y usted?**

Asking for directions

Where is . . . ?	**¿Dónde está . . . ?**
Where are . . . ?	**¿Dónde están . . . ?**
Where is the train station, please?	**¿Dónde está la estación de ferrocarril, por favor?**
Turn right.	**Gire a la derecha.**
Turn left.	**Gire a la izquierda.**
Go straight ahead.	**Todo recto.**
It's across from . . .	**Está enfrente de . . .**
It's next to . . .	**Está al lado de . . .**

Useful places to ask for

airport	**el aeropuerto**
bank	**el banco**
campsite	**el camping**
pharmacy	**la farmacia**
hospital	**el hospital**
police station	**la comisaria**
post office	**la oficina de correos**
station	**la estación**
tourist office	**la oficina de turismo**
youth hostel	**el albergue de juventud**

Glossary

Adjectives are shown in their masculine singular form. In general, you change the masculine ending **o** to **a** to make them feminine.

a	at, to
a la derecha	on the right
a la izquierda	on the left
a la orilla del mar	by the sea
a pie	on foot
abril	April
la abuela	grandmother
la abuelita	Grandma
el abuelito	Grandpa
el abuelo	grandfather
los abuelos	grandparents
África	Africa
agosto	August
el agua	water
al lado de	next to
la alacena	cupboard
el albergue de juventud	youth hostel
el alemán	German
Alemania	Germany
la alfombra	carpet
algo	something
allí	over there
¡allí está!	there is . . . !
el almuerzo	lunch
alto	tall
amarillo	yellow
el amigo, la amiga	friend
anaranjado	orange (color)
el año	year
el apartamento	apartment
aproximadamente	about
aquí	here
¡aquí está!	here is . . . !
el árbol	tree
el armario	closet
arriba	upstairs
el arroz	rice
Austria	Austria
el automóvil	car
azul	blue
bailar	to dance
bajo	under
la banana	banana
el banco	bank
bien	good, well
el bistec	steak
blanco	white
buenas noches	Good night
¡buen provecho!	Enjoy your meal!
buenas tardes	Good evening/afternoon
buenos días	Hello, Good morning
buscar	to look for
la butaca	armchair
el buzón	mailbox
la cabina telefónica	telephone booth
cada uno	each (one)

el café	café, coffee
la calle	street
la cama	bed
el camping	campsite
la carne	meat
la carnicería	butcher shop
la casa	house
casi	almost
el castillo	castle
la cena	supper, dinner
la cerca	fence
cerca de aquí	nearby
la chimenea	chimney
el chocolate	chocolate
el cielo	sky
el cine	movies
la coca-cola	Coca-Cola
la cocina	kitchen
cocinar	to cook
el comedor	dining room
comer	to eat
¿cómo estás?	how are you?
¿cómo te llamas?	what is your name?
comprar	to buy
con	with
construir cosas	to make things
la cortina	curtain
costar (ue)	to cost
¿cuándo?	when?
¿cuánto?	how much?
el cuarto de baño	bathroom
la cuenta	bill, check (in a restaurant)
el cumpleaños	birthday
de acuerdo	O.K.
¿de dónde?	from where?
de la mañana	in the morning
de la noche	at night
de la tarde	in the afternoon
de nada	don't mention it
delante de	in front of
delgado	thin
el deporte	sport(s)
el desayuno	breakfast
después	then
detrás	behind
diciembre	December
el domingo	Sunday
¿dónde?	where?
el dormitorio	bedroom
el durazno	peach
el	the
en	in
en automóvil	by car
en el campo	in the country
en español	in Spanish

en la ciudad	in town
encontrar (ue)	to find
enero	January
la ensalada	salad
entonces	then
entre	between
Escocia	Scotland
escuchar	to listen to
la escuela	school
eso	that
los espaguetis	spaghetti
España	Spain
español	Spanish
la estación	train station
la estación de servicio	service station
el estante	bookshelf
esto, ésta, éste	this
la familia	family
el fantasma	ghost
la farmacia	pharmacy
febrero	February
la flor	flower
frente a	across from
la fruta	fruit
el fútbol	soccer
el garaje	garage
el gatito	kitten
el gato	cat
girar	to turn
gracias	thank you
gris	gray
grueso	fat
gustar	to like
hablar	to speak
hacer	to make, do
la hamburguesa	hamburger
el hámster	hamster
hasta	as far as, until
hasta la vista	Goodbye
hasta pronto	see you soon
hay	there is, there are
el helado	ice cream
la hermana	sister
el hermano	brother
¡Hola!	Hi!, Hello!
el hotel	hotel
hoy	today
el huevo	egg
Hungría	Hungary
imposible	that is no good
India	India
Inglaterra	England
inglés	English
el invierno	winter
ir	to go
ir de compras	to go shopping
el jamón	ham

el jarrón	vase
joven/jóvenes	young
el jueves	Thursday
jugar (ue)	to play (games)
el jugo de naranja	orange juice
julio	July
junio	June
el kilo	kilo
la	the
la leche	milk
leer	to read
lejos	far
levantarse	to get up
el libro	book
el limón	lemon
la limonada	(fizzy) lemonade
el litro	liter
lo mejor	the best
el lunes	Monday
la madre	mother
mal	badly
la mamá	Mom
la mañana	morning
mañana	tomorrow
la mantequilla	butter
la manzana	apple
marrón	brown
el martes	Tuesday
marzo	March
más	more
mayo	May
me	me
la medianoche	midnight
el mediodía	noon
mejor	better
menos	less
el mercado	market
el mes	month
la mesa	table
mi, mis	my
el miércoles	Wednesday
el minuto	minute
mirar	to watch
moreno	dark-haired
mucho	a lot, much
muchos	many
muy	very
nada	not at all
nadar	to swim
la naranja	orange (fruit)
naturalmente	of course
negro	black
el nido	nest
no	no
no hay por qué	not at all
la noche	night
noviembre	November

o	or
octubre	October
la oficina de correos	post office
la oficina de turismo	tourist office
el otoño	fall
el padre	father
los padres	parents
el pájaro	bird
el pan	bread
la panadería	bakery
el panecillo	roll
el papá	Dad
las papas fritas	French fries
el pasatiempo	hobby
el pastel	cake
pequeño	small
perdone	excuse me
el periquito	parakeet
pero	but
el perrito	puppy
el perro	dog
el pescado	fish
el peso	peso (unit of money in Mexico)
el piano	piano
la piña	pineapple
pintar	to paint
la pizza	pizza
la planta	plant
la plaza del mercado	market place
por favor	please
la primavera	spring
primero	first
la puerta	door
¿qué?	what?
¡qué pena!	it's a pity!
el queso	cheese
la quiche	quiche
¿quién?	who?
¿quieres...?	do you want?
rojo	red
la rosa	rose
rosado	pink
rubio	blond
el sábado	Saturday
la sala	living room
la salchicha	sausage
segundo	second
Señor	Mr., Sir
Señora	Mrs.
Señorita	Miss

ser	to be
ser de	to be from (a place)
la serpiente	snake
sí	yes
siempre	always
sobre	on top of
el sofá	sofa
el sol	sun
su	his, her, its
suficiente	enough, quite
el supermercado	supermarket
también	also, too
la tarde	afternoon, evening
la tarjeta postal	postcard
la tarta de frutas	fruit pie
el té	tea
el tejado	roof
el teléfono	telephone
la televisión	television
tener (ie)	to have
tener...años	to be...years old
tener hambre	to be hungry
el tenis	tennis
tercero	third
la tía	aunt
la tienda de comestibles	grocery store
el tío	uncle
tocar	to play (instruments)
tocar	to touch
todo recto	straight ahead
tomar	to take
el tomate	tomato
la tortuga	tortoise
tricotar	to knit
tu	your (sing.)
un, una	a, an
las uvas	grapes
el vaso	glass
vender	to sell
venir (ie)	to come
la ventana	window
el verano	summer
verde	green
la verdura	vegetable
el vestíbulo	hall
viejo	old
el viernes	Friday
el violín	violin
vivir	to live
y	and

First published in 1987 by Passport Books, A Division of NTC Publishing Group, 4255 W. Touhy Avenue, Lincolnwood (Chicago) Illinois 60646–1975 USA. © 1987 NTC Publishing Group and Usborne Publishing Ltd.
Printed in Great Britain.

Answers to puzzles

p.7

What are their names?

Él se llama Pedro.
Ella se llama María.
Ellos se llaman Pablo y Juan.
Yo me llamo (your name).

Who is who?

Miguel is talking to Juan.
Ana is talking to Amalia.
Miguel is next to the seal.
Juan is talking to him.
Ana is at the bottom left-hand corner.
The man talking to Nicolás is going home.

Can you remember?

¿Cómo te llamas?
Yo me llamo . . .
Es mi amiga. Se llama Amalia.
Mi amigo se llama Daniel.

p.9

Can you remember?

la/una flor, el/un gato, el/un árbol, el/un nido
el/un pájaro, el/un tejado, el sol, la/una
ventana
el/un automóvil, el/un perro

p.11

Who comes from where?

Franz comes from Austria.
They are called Hari and Indira.
Lolita is Spanish.
Yes, Angus comes from Scotland.
Marie and Pierre come from France.
Yuri lives in Budapest.
Budapest is in Hungary.

Can you remember?

¿De dónde eres?
Soy de . . .
Yo hablo español.
¿Tú hablas español?

p.13

How old are they?

Miguel is 13. Diana and Silvia are 15. Pepe is 12.
Rosa is 11. Luis is 9. Carmen is 5.

How many brothers and sisters?

A=Diana y Silvia. B=Luis. C=Miguel.
D=Pepe. E=Rosa.

p.17

Where is everyone?

Simón está en la cocina.
Abuelito está en el comedor.
Mamá está en el dormitorio.
Pedro está en el cuarto de baño.
Isabel está arriba.
El fantasma está en el dormitorio de Isabel.
Abuelita está en la sala.

Abuelito. Simón. Pedro. Mamá.

En la sala.
En el dormitorio de Isabel.
En el comedor.
En el cuarto de baño.
En el vestíbulo.

Can you remember?

¿Dónde vives?
¿Vives en una casa o en un apartamento?
en el campo
en la ciudad
Yo estoy arriba.
Yo estoy en la cocina.

p.19

Where are they hiding?

El hámster está en el jarrón.
El gatito está detrás de la televisión.
El perrito está en la alacena.
El periquito está sobre el estante.
La serpiente está detrás del sofá.
La tortuga está al lado del teléfono.

p.21

Who likes what?

1. Jaime. 2. Juan. 3. Abuelito.

p.23

Who is saying what?

"Tengo hambre."
"Buen provecho."
"Sírvete."
"¿Me puedes pasar un vaso?"
"¿Quieres más papas fritas?"
"Sí, gracias. Me gustan las papas fritas."
"No, gracias. Ya he comido suficiente."
"Es delicioso."

p.25

What are they doing?

A Cocina. B. Nada. C Bailan.
D Toca el violín. E Pinta.

p.27

Marcos' day

1b, 2e, 3f, 4a, 5h, 6g, 7d, 8c.

What time is it?
A   Son las tres y cinco.
B   Son las once y cinco.
C   Son las nueve menos diez.
D   Son las cuatro menos cuarto.
E   Son las tres y veinticinco.
F   Son las siete y media.
G   Son las tres.
H   Son las cuatro.
I   Son las nueve.
J   Es la una y media.
K   Son las siete y cinco.
L   Son las diez y media.
M   Son las seis.
N   Son las cuatro menos veinticinco.
O   Son las dos menos cinco.

p.29

El viernes por la tarde voy a bailar con Jaime.
Juego al tenis el lunes, el miércoles y el
domingo.

Voy al cine el miércoles por la tarde.
No, toco el piano el martes.
El domingo por la tarde juego al tenis.
Es a las siete.

p.33

¿Para ir a la plaza del mercado, por favor?
Perdone, ¿hay un café cerca de aquí?
¿Está lejos?
Tome la tercera calle a la izquierda, después
siga todo recto.
Tome la tercera calle a la derecha, después
siga todo recto. El mercado está a la izquierda.

To the school.

p.37

Quiero cuatro limones, un kilo de bananas y
una piña.
Cuatro limones cuestan cuarenta pesos.
Un kilo de bananas cuesta docientos pesos.
Una piña cuesta quinientos pesos.
una piña. las bananas. las uvas, las manzanas
y los duraznos. un limón.

p.39

El cumpleaños de Marisa es el dos de abril.
El cumpleaños de Armando es el veintiuno de
junio.
El cumpleaños de Elena es el dieciocho de
octubre.
El cumpleaños de Clara es el treinta y uno de
agosto.
El cumpleaños de Carlos es el tres de marzo.
El cumpleaños de Roberto es el siete de
septiembre.

p.40

La calle es gris.
El sol es amarillo.
El tejado es anaranjado.
El cielo es azul.
Las flores son rosadas.
El perro es marrón.
El pájaro es negro.
El automóvil es rojo.
Los árboles son verdes.
La casa es blanca.